AF331732

DE L'INFLUENCE DES CLUBS SUR LA RÉVOLUTION (a).

Je vais examiner la nature des clubs politiques ; j'en parlerai sans esprit de parti, et ne citerai les faits qui se sont passés sous nos yeux, que pour donner plus de force à mon opinion. Mon but n'est pas d'exciter les factions les unes contre les autres ; mais d'indiquer quelques moyens de les calmer.

Dans les gouvernemens où la volonté d'un ou de plusieurs hommes devient loi, tout ce qui tend à éclairer les sujets sur les droits des citoyens, doit être sévèrement proscrit. Dans les gouvernemens où la volonté de la majorité prend seule le caractère de loi, tout ce qui peut éclairer les citoyens sur leurs droits, doit être spécialement protégé. D'où vient cette différence ? de l'essence même de ces gouvernemens ; les premiers sont fondés sur l'arbitraire, les seconds sur la liberté ; dans les uns, il n'y a pas de citoyens, et par conséquent, point d'esprit public ; dans les autres, il

______

(a) Cet écrit fut rédigé avant que celui du citoyen Roederer ne parut.

n'y a que des citoyens ; ils cesseroient de l'être s'il n'existoit plus de volonté nationale.

Pour établir un gouvernement arbitraire, que les institutions séparent le peuple du prince; qu'elles investissent celui-ci d'un pouvoir illimité, qu'elles ne laissent à celui-là que la faculté d'obéir ; que le peuple ne soit pas seulement contraint par la force, que son esprit soit captif ; que les principes fondamentaux de la morale soient remplacés par les axiomes du despotisme, et les vertus naturelles par des vertus de convention. Mais ces précautions seroient nulles, si le peuple pouvoit s'assembler et parler librement, car il ne tarderoit pas à reconnoître qu'il a une patrie, et il voudroit jouir de ses droits; il faudra donc l'accabler d'impôts ; forcé de travailler sans relâche, pour soutenir le luxe de ses maîtres, il ne songera guères à recouvrer des droits dont il n'aura pas la plus légère notion.

Que si au contraire vous voulez fonder un gouvernement libre, favorisez tout ce qui élève l'ame et agrandit la pensée ; que les citoyens égaux en droits, puissent choisir entre eux les membres du gouvernement et qu'ils les surveillent dans leurs fonctions ; que la liberté de parler et d'écrire soit presqu'illimitée, et qu'il se forme des sociétés qui rappellent sans cesse le gouvernement vers son principe, et le peuple vers la liberté.

Voilà, rigoureusement parlant, les moyens conservateurs de ces deux espèces de gouvernemens ; mais une foule de circonstances peuvent en modifier l'application, et c'est dans leur emploi que se montre le talent ou l'incapacité du législateur. L'erreur la plus commune et la plus funeste est de s'attacher opiniâtrement à une théorie quelconque, sans vouloir jamais considérer les lieux, les temps, les mœurs et les passions des hommes. Sans doute, il n'est pas d'armes plus puissantes contre le despotisme que les sociétés politiques, et l'on sait combien elles sont favorables à la liberté; mais qu'on se croye en droit d'en conclure qu'elles n'ont jamais d'inconvénient, c'est une erreur dont on ne sauroit trop se garantir.

Lorsqu'un peuple est assez éclairé pour rougir de la tyrannie qui l'opprime, ces sociétés doivent se renforcer de toute la puissance qui échappe au despotisme. La masse du peuple ne forme plus qu'un parti qui vote de fait ou d'intention avec les défenseurs de ses droits. En vain voudroit-on alors invoquer l'autorité des anciennes lois, et réclamer des priviléges abolis : les grands principes de la liberté triomphent ; tout ce qui n'en émane pas paroît vil et méprisable. Les mœurs, les habitudes, les préjugés changent en un moment; à l'obéissance servile succède l'enthousiasme de la liberté, et dans ces premiers élans du patriotisme, le peuple, éclairé sur ses droits, jouit de sa victoire et n'en abuse pas. Tels furent les commencemens de notre révolution.

Ce grand mouvement fut l'effet d'un concert unanime. Tous les citoyens n'avoient qu'un désir, celui de la liberté. Mais quand le despotisme fut abattu , il fallut songer à poser les bases d'un nouveau gouvernement. Toutes les factions, tous les intérêts , toutes les vengeances, toutes les ambitions avoient été comprimés dans les premiers jours par l'immense pouvoir du peuple , mu par une seule volonté. Il n'en étoit plus de même alors ; quelques-uns regrettoient l'ancien gouvernement , d'autres voyoient déjà leur pouvoir et leur fortune dans celui qui alloit s'élever, et la masse attendoit avec inquiétude le nouveau joug qu'on lui préparoit. Dans les agitations populaires, les ames se forment à l'ambition. Tel qui s'est jeté dans un parti par un mouvement désintéressé peut bien se laisser corrompre par l'appas du pouvoir et par l'influence qu'il acquiert. Les sociétés populaires devinrent le refuge de tous les factieux. Comme elles s'étoient formées avec l'assentiment général , elles avoient pris une prépondérance qui ne permettoit pas que d'autres sociétés rivalisassent avec elles ; ainsi , il n'y eut point d'opposition ,et l'Etat fut gouverné par une poignée d'hommes qui n'avoient aucun pouvoir légal.

Mais comment la puissance nationale se conserva-t-elle dans ces sociétés ? cette question mérite d'être examinée. La partie la moins éclairée de la nation n'avoit que des idées fausses de la liberté ; il fut aisé de l'égarer avec des mots. Les orateurs les plus exagérés parurent les plus patriotes , et comme ils attaquoient indistinctement tous les principes ; qu'ils sapoient les fondemens de la morale, en se servant toutefois d'expressions qui commandoient le respect ; qu'ils affectoient une grande austérité de mœurs et un profond mépris pour tout ce qui n'étoit que de forme ; qu'ils paroissoient s'appitoyer sur les malheurs du peuple, et n'agir que pour sa prospérité, ils passèrent dans l'esprit de la multitude pour les plus sages, les plus vertueux et les plus éclairés de la nation. D'une autre part, les hommes de bien qui avoient vu la révolution d'un œil désintéressé, et qui n'avoient servi la liberté que par un pur amour de l'ordre et des principes, ne pouvant faire pour l'intérêt général ce que les ambitieux faisoient pour leur intérêt personnel, parurent d'abord n'aimer que foiblement la liberté, et finirent par devenir suspects. On regarda leur modération comme une preuve de complicité avec les ennemis ; leurs paroles et leur silence inspirèrent également la méfiance, et ce fut un malheur pour eux d'avoir servi le peuple dans les premiers jours de la révolution. Ils abandonnèrent ces assemblées où ils ne pouvoient plus faire le bien, où ils ne pouvoient empêcher le mal, où leur présence étoit un scandale public.

Rien n'arrêta plus les projets des factieux. Les moyens que les sociétés avoient employés pour la liberté, furent tournés contre elle. Les lumières secondées de la puissance nationale, avoient terrassé le despotisme ; les sociétés, à l'aide de cette même puissance nationale usurpée, attaquèrent les lumières, et fondèrent, sur les ruines de l'ancien gouvernement, un pouvoir cent fois plus tyrannique. Alors les notions du bien et du mal furent confondues ; les vastes conceptions de la philosophie parurent foibles et méprisables ; on y substitua un jargon bizarre et des priucipes subversifs de toute autorité et de toute morale. Les tyrans n'ayant point assez de génie pour gouverner le peuple, le livrèrent à la fureur des factions. Ils lui persuadèrent qu'il y a plus de talent à conduire les hommes par la terreur que par les lois; qu'une nation est plus grande dans le trouble que dans la paix, qu'elle est d'autant plus puissante, que les citoyens sont plus misérables ; que le moyen le plus simple de lever des impôts sur les riches, est de les égorger et de confisquer leurs biens : calculs ridiculement atroces qui prouvent l'ineptie des tyrans et l'aveuglement des esclaves.

Ce qui contribua le plus à affermir le pouvoir de ces assemblées, ce fut leurs correspondances et les intelligences qu'elles entretenoient d'un bout de l'Etat à l'autre. Toutes les places furent données par elles, et les fonctionnaires publics ne purent conserver l'ombre de la puissance qui leur étoit déléguée par les lois, qu'en continuant de paroître à ces sociétés, et en professant ouvertement leurs principes. Il en résulta un abus énorme, c'est que les trois pouvoirs résidèrent essentiellement dans les assemblées populaires ; et comme les principes de ces sociétés n'avoient aucune stabilité ; qu'ils varioient suivant l'influence plus ou moins grande que prenoient quelques hommes, et que la popularité, toujours légère et inconstante, changeoit d'objet à tout instant, chaque jour vit naître un nouveau système dans le gouvernement, sans que, pour cela, sa marche fut moins prompte, moins active et moins funeste à la nation. De là, cette multitude de lois, ces oscillations continuelles, ces réputations colossales établies et renversées en un moment, ces vengeances atroces, ces jugemens arbitraires et cette puissance qui n'eut point de modèle, et dont les effets prodigieux étonnent encore l'imagination.

Dans le nombre, il y avoit sans doute des hommes auxquels on ne pouvoit reprocher aucun crime, et qui même avoient des principes honnêtes; mais la terreur s'étoit emparée de leurs ames, et ils crurent ne pas trop acheter leur sureté en la payant de leur réputation. D'autres moins innocens, si on les juge par leurs actions, mais plus excusables au fond, étoient de ces esprits sombres et passionnés qui n'ont point assez de jugement pour croire qu'ils peuvent se tromper, et qui mettent autant de zèle à établir l'erreur, que d'autres à faire triompher la vérité. Ceux-ci devinrent les instrumens de toutes les factions; ils servirent tour à tour les royalistes, les anarchistes, les étrangers, et pensèrent constamment qu'ils n'agissoient que pour la république.

Le rôle que joua la Convention ne détruit pas ce que j'ai dit : nommée dans des temps de troubles, elle représenta plutôt les sociétés populaires, que le peuple français, et régularisa, pour ainsi dire, les actes informes qui émanoient de ces assemblées. De son sein, s'élevèrent des ambitieux sans aucun talent pour gouverner, mais pleins de présomption et d'audace. Ils sentirent que, possédant à la fois la confiance des clubs et celle de la Convention, ils pouvoient concentrer en leurs mains toutes les autorités; ils le firent avec une sécurité qui prouve la foiblesse de leur jugement. Tantôt entraînés par l'opinion des clubs, tantôt la dominant, ils accablèrent du poids de leur puissance les étrangers et les nationaux, et finirent par la tourner contre eux-mêmes.

C'est donc aux sociétés populaires que nous sommes redevables de la tyrannie qui a pesé pendant deux ans sur toute la France. Peut-on se rappeler sans horreur ces temps où la puissance étoit accordée aux hommes en raison de leur audace et de leur perversité; où les vertus héroïques, les talens sublimes, les réputations honorables, les qualités douces et affectueuses, et jusqu'à la modération étoient imputés à crime ! Le fanatisme, l'avarice, l'ambition avoient rompu les liens de la nature et de la société : les amis, les frères s'évitoient ; les époux osoient à peine se confier leurs pensées ; la terreur et le soupçon s'étoient glissés dans tous les cœurs. Beaucoup cherchoient dans la stupidité et l'engourdissement des facultés morales un refuge contre la peur ; beaucoup aussi se livroient au crime avec une ardeur qui tenoit du

(9)

délire. Des fils accusoient leurs pères; des pères, non
moins coupables, caressoient lâchement les meur-
triers de leurs enfans, et, pour comble d'hypocri-
sie ou de fanatisme, tous les forfaits se commet-
toient au nom de la patrie! Enfin, à voir cette sub-
version dans les principes, ce mouvement rapide qui
entraînoit vers leur chute tous les hommes de bien,
tous les esprits éclairés, et les succès multipliés
que remportoient chaque jour les auteurs de cet
abominable système, on eut dit que le crime et
l'ignorance régneroient seuls désormais sur la terre.

Cet exposé prouve que si les clubs contribuèrent
au renversement de la monarchie, d'une autre
part, ils nuisirent singulièrement à l'établissement
de la république.

Les sociétés particulières, comme nous l'avons
déjà dit, peuvent maintenir l'esprit de liberté
chez un peuple républicain; mais on doit prendre
à leur égard des mesures telles qu'elles ne trou-
blent jamais l'État, et ceci est un des problèmes
de gouvernement les plus difficiles à résoudre.
Non-seulement je pense que le nombre des sociétaires de chaque club doit être très-limité (a),
et qu'il ne doit y avoir aucune correspondance
entre les diverses sociétés; mais encore que leurs
séances ne doivent pas être publiques (b). La pu-

____

(a) 40 ou 50 personnes. Voyez l'excellente dissertation du
citoyen Roederer.

(b) L'article de la constitution a été violé dans ces der-
niers temps. S'il eût été plus précis, cet inconvénient n'auroit pas eu lieu, parce que à la première infraction, le

blicité , dit-on, les retient dans le devoir : cela est faux , nous en avons la preuve sous les yeux. Comment les sociétés deviennent-elles funestes à la liberté ? en servant de point de ralliement à toutes les factions ; il faut couper le mal dans la racine , et l'on y parviendra en supprimant les tribunes. Quelques hommes agitant entre eux les questions politiques les plus délicates ne sauroient nuire à la tranquilité publique , et peuvent éclairer le gouvernement : mais que ces mêmes hommes parlent devant un nombreux auditoire, n'est-il pas à craindre que, par ambition ou par amour propre, ils ne fassent servir leur éloquence à soulever les passions de la multitude ? En vain aura-t-on restreint le nombre des sociétaires si tous ceux qui épousent leurs opinions se réunissent à eux ; et quand ces grands rassemblemens d'hommes dirigés par des factieux s'ébranleront, quelle digue le gouvernement pourra-t-il leur opposer ? que les sociétés ne puissent avoir d'auditeurs bénévoles, un simple officier de police suffira pour les rappeler à l'ordre ; mais qu'elles aient des tribunes , une armée ne suffira pas pour les réduire.

On se plaint des discours de certains clubistes dans lesquels ils jettent des soupçons vagues sur les hommes en place , et les dénoncent sans articuler aucun fait, et quelquefois même

---

gouvernement eut fait fermer les clubs : il est donc nécessaire que les législateurs , dans leur loi organique , s'expliquent sur ce qu'on doit entendre par *tribune*.

.sans les nommer : il est certain que rien ne favorise davantage les factieux , car la loi ne pou-
.vant statuer sur ce genre d'accusation , il semble
à la multitude que le gouvernement protège l'ac-
cusé, et celui-ci n'a souvent aucun moyen de se
justifier ; répondra-t-il ? mais il faut pour cela
qu'il soit d'une société , que l'on consente à l'entendre ; et pour que sa réponse ne soit pas inutile,
il faut encore que ceux qui ont assisté à la dé-
nonciation, assistent à la défense. Ecrira-t-il? mais
on ne le lira pas. Il y a peu de jours , on dénonça
à la tribune de l'une de ces sociétés un citoyen
recommandable par son patriotisme et ses lumières : il voulut bien descendre jusqu'à répondre.
Il est très-problable que la multitude qui a été
témoin de l'attaque n'a pas lu la défense. Que l'on
suprime les tribunes , et ces inconvéniens dispa-
roîtront.

A l'appui de ceci , je ne citerai qu'un fait qui ,
malgré la différence des lieux, n'en est pas moins
un exemple frappant. La république de Genève
eut pendant deux cents ans des sociétés politiques;
elles n'étoient point publiques, n'avoient aucune
correspondance , et différoient d'opinions. Elles
ne troublèrent jamais l'Etat, et lui rendirent, dans
plusieurs occasions, des services signalés. Mais peu
de jours avant la mort de Robespierre , elles se
constituèrent toutes en *un seul Club* ; elles eurent
des auditeurs bénévoles , des tribunes , et , dès ce
moment, la république fut agitée par des factions.

Ce fait confirme ce que je veux établir, et prouve

que plus les sociétés seront isolées et multipliées, moins elles seront à craindre, parce que leurs opinions, balancées les unes par les autres, se rapprocheront d'avantage de l'opinion publique.

Quelques personnes croyent qu'un moyen sûr de réprimer les clubs seroit de les empêcher de délibérer. Le mal n'est pas, ce me semble, qu'ils délibèrent, mais bien que le résultat de leurs délibérations acquière autant et plus de force que la loi; or, cela n'arrivera jamais s'il n'existe entre eux aucune communication, aucune correspondance. On cite l'exemple de Genève, où les clubs ne délibéroient point; mais a-t-on pris garde que dans un Etat aussi petit, la moindre société délibérante doit exercer une influence tyrannique, tandis qu'en France de pareilles sociétés ne peuvent avoir que de très-légers inconvéniens auxquels il est aisé de remédier? N'allons pas trop loin, respectons la liberté civile, tant qu'elle ne portera pas atteinte à la tranquilité publique; n'étouffons point les lumières, parce que de soi-disant philosophes nous ont plongés dans l'anarchie.

Il ne faudroit pas sur-tout qu'un homme, investi d'un pouvoir délégué par le peuple, put être membre d'aucun club. Il seroit à craindre que l'intérêt de la petite société, et peut-être de son ambition, ne l'emportât dans son cœur sur l'intérêt public, et qu'il n'employât l'autorité qui lui auroit été confiée par la loi, pour appuyer des projets contraires à la constitution.

Les assemblées particulières, ainsi modifiées, seroient des écoles de législation, où la jeunesse s'instruiroit des devoirs de l'homme et du citoyen; où les philosophes s'éclaireroient mutuellement sur les grandes vérités morales et politiques, où se conserveroient le feu sacré de la patrie et les principes de la liberté.

Au reste, il ne faut pas croire, comme le disent les meneurs, que ces sociétés soient des institutions vraiment populaires ; quand on cessera de payer les pauvres pour y assister, on n'y verra plus que des citoyens aisés : ce sera, sans doute, un inconvénient, mais on sent que le remède seroit pire que le mal.

Une question plus délicate se présente. Dans ce moment le corps législatif peut-il permettre, sans danger, l'ouverture des clubs, en admettant les modifications proposées ? J'ose affirmer que non. L'esprit de parti, les haines publiques et particulières, la soif des vengeances, les craintes exagérées, l'ambition stimulée par les plus criminelles espérances rendroient nuls tous les moyens du gouvernement, et nous n'aurions que la cruelle alternative de la terreur ou de la guerre civile. Sans doute, pour que la loi fut juste, il faudroit qu'elle fût égale pour tous, qu'elle protégeât également tous les citoyens qui voudroient se réunir en société ; on auroit donc des clubs de royalistes, des clubs d'anarchistes, et peut-être des clubs de *modérés* ; mais ceux-ci, attaqués à la fois par les deux factions ennemies de la république, ou renonceroient à former des sociétés, ou se diviseroient et passeroient dans l'un ou l'autre parti, suivant la pente de leur opinion. Dès-lors, un choc épouvantable, la guerre civile, et à sa suite la tyrannie. Mais que le gouvernement, par une fausse politique, favorise davantage une des deux factions, elle écrasera l'autre et fondra son pouvoir sur les ruines de la constitution. Ainsi, dans les deux hypothèses, la France deviendra le théâtre de révolutions plus sanglantes encore que celles dont nous avons été témoins, les amis de la république seront massacrés, les propriétés envahies et le gouvernement deviendra la proie des différens partis. Enfin le peuple, las de ces agitations, irrité contre ses chefs qui l'auront trahi, détestant la liberté et la république, dont il n'aura connu que le nom, et succombant sous le poids de la misère, se précipitera dans la servitude pour retrouver la paix, des travaux et du pain.

La république n'est point encore affermie, il faut la faire aimer par de bonnes lois, réformer les mœurs par de sages institutions, et diriger lentement, mais surement, le peuple vers la liberté. Les clubs sont aux corps politiques, ce que les remèdes violens sont au corps humain; ils donnent plus d'énergie aux tempéramens robustes et tuent les tempéramens délicats.

S'il le falloit, je ne serois pas embarrassé de citer des faits en faveur de cette opinion. Il me suffiroit de tracer l'histoire de ce qui s'est passé depuis le 3o prairial dernier. On verroit les sociétés politiques rétablies , et, sur-le-champ , des hommes , jadis trop célèbres , et que le temps n'a pu changer , s'empresser de reprendre un pouvoir qui, dans les mains des plus sages, seroit peut-être une arme pernicieuse. On verroit la minorité des représentans du peuple exercer , au sein des assemblées nationales , une influence étrangère , en s'appuyant des clubs séditieux dont ils étoient membres. Sous prétexte de relever l'esprit public , on a tenté d'allumer les torches de la guerre civile; on a fait nommer à des places importantes des factieux et des fanatiques; on a employé tous les moyens pour soulever le peuple contre les autorités légitimes ; on a calomnié les meilleurs citoyens , et notamment dans un journal méprisable, écho d'un parti , cet homme supérieur qui , chez les Français esclaves , osa le premier faire entendre les mâles accens de la liberté , et dont le génie et les vertus sont maintenant le plus ferme appui de la république et l'espérance des hommes de bien.

Ces coupables menées n'ont eu que trop de succès, et toute la force du gouvernement suffit à peine aujourd'hui pour réduire les factieux , tandis qu'un arrêté pur et simple les auroit contenus dans le principe.

Ces réflexions n'ont point échappé aux partisans éclairés de la république , à ceux qui savent que, pour l'affermir , il faut une juste balance entre la liberté civile et la liberté politique;

en sorte que l'une des deux n'opprime jamais l'autre. Ils penseront comme moi, que toute corporation qui ne seroit pas inhérente à la constitution, ne tendroit maintenant qu'à détruire l'équilibre et à nous ramener vers la tyrannie. Quant aux furieux et aux fanatiques, rien ne peut les convaincre puisque l'expérience ne les a pas éclairés ; les uns n'écoutent que la voix de leurs passions ; les autres prennent pour les véritables principes de législation, des théories absurdes et ne voient de bonheur que dans l'anarchie ou le despotisme.

B. - M. ***.

A PARIS.

Chez les marchands de nouveautés.

An VII.